Nueva Guía Escolar

"Aprendamos Juntos"
Tercer Año

Español

Matemáticas

Ciencias Naturales

Razonamiento

Introducción

Aprendamos Juntos es una guía escolar que constituye un excelente auxiliar didáctico para el tercer grado de educación básica primaria.

Este libro contiene actividades sencillas y muy divertidas para repasar los temas que sus hijos están aprendiendo en la escuela como: Español, Matemáticas, Ciencias Naturales y Razonamiento.

Su amplio repertorio de actividades, basado en los programas oficiales, será el complemento ideal de lo aprendido en las clases.

Con su apoyo y esta guía, sus niños pasarán un rato entretenido reforzando sus conocimientos y habilidades, jugando.

ESPAÑOL

Orden Alfabético

Ordena alfabéticamente las palabras de la pecera sobre el camino de líneas para descubrir a qué lugar quieren llegar los niños.

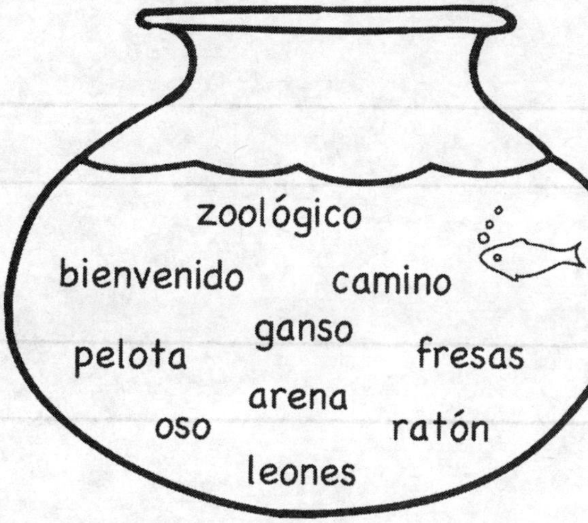

1.____________________

2.____________________

3.____________________

4.____________________

5.____________________

6.____________________

7.____________________

8.____________________

9.____________________

10.____________________

ESPAÑOL

Oraciones Interrogativas y Exclamativas

Escribe sobre las líneas una oración interrogativa y una exclamativa a los dibujos.

¡____!

¿____?

¡____!

¿____?

¡____!

¿____?

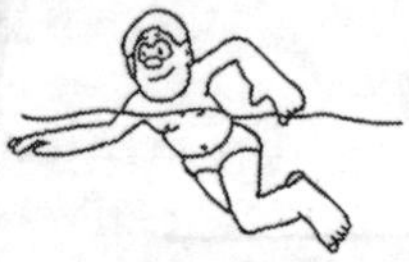

¡____!

¿____?

¡____!

¿____?

ESPAÑOL

Adjetivos Calificativos

Completa el crucigrama con los objetos que describen los siguientes adjetivos calificativos.

1. Es verde, largo, con escamas y dientes muy afilados.
2. Es un insecto volador, amarillo con líneas negras y se encarga de producir miel.
3. Es un animal muy grande, gordo y de color gris.
4. Es el rey de la selva y posee una gran melena.
5. Es un ave de plumaje verde y muy parlanchina.

Ahora describe con adjetivos calificativos a tu animal favorito.

ESPAÑOL

Sílabas

Ordena y escribe las palabras del árbol en la columna correcta.

AGUDAS	GRAVES	ESDRÚJULAS
____________	____________	____________
____________	____________	____________
____________	____________	____________

Divide en sílabas las siguientes palabras y escríbeles al final una A si son agudas, una G si son graves y una E si son esdrújulas.

caramelo ______________ juez ______________

balón ______________ número ______________

matemáticas ______________ mármol ______________

papá ______________ símbolo ______________

trébol ______________ pared ______________

ESPAÑOL

El Cartel

Escribe un cartel que proporcione información sobre los talleres que ofrece la Casa de Cultura.

Gentilicios

Escribe el gentilicio que les corresponde a los habitantes de los estados de la República que vienen a continuación.

Sonora ________________	Michoacán ________________
Jalisco ________________	Hidalgo ________________
Colima ________________	Morelos ________________
Chiapas ________________	Nayarit ________________
Guerrero ________________	Nuevo León ________________
Sonora ________________	Tabasco ________________

Une con líneas de diferentes colores los estados con su gentilicio.

Baja California	Chihuahuense
Durango	Oaxaqueño
Chihuahua	Poblano
Guanajuato	Veracruzano
Oaxaca	Zacatecano
Puebla	Bajacaliforniano
Querétaro	Yucateco
Veracruz	Duranguense
Yucatán	Queretano
Zacatecas	Guanajuatense

ESPAÑOL

Antónimos

Reescribe las oraciones sustituyendo las palabras subrayadas por su antónimo.

Iván viajó con rapidez a Colima durante la noche.

____

Carmen está feliz por que ganó un concurso de ricos pasteles.

____

Nos quedamos en la casa porque el día estaba lluvioso.

____

El perro se despierta cuando el gallo canta y sale el sol.

____

Investiga y escribe el antónimo de las siguientes palabras.

valiente ____________ obstáculo ____________

angosto ____________ moderno ____________

extraño ____________ ayuno ____________

ganancia ____________ entrega ____________

crepúsculo ____________ carnívoro ____________

ESPAÑOL

La Entrevista y la Noticia

Imagina que entrevistas a uno de tus actores favoritos, escribe qué preguntas le harías y dibújalo.

Nombre: ______________________________

Preguntas: ______________________________

____

____

____

____

____

Investiga una noticia ecológica importante en tu colegio e ilústrala.

____

____

____

____

____

ESPAÑOL

Los Refranes

Escribe el significado de los siguientes refranes.

Barriga llena, corazón contento.

____

De poquito en poquito, se llena el jarrito.

____

El pez por la boca muere.

____

El que parte y comparte, se lleva la mejor parte.

____

Camarón que se duerme, se lo lleva la corriente.

____

Ahora escribe 3 refranes que conozcas y escribe su significado.

Refrán: _______________________________________

Significado: ___________________________________

Refrán: _______________________________________

Significado: ___________________________________

Refrán: _______________________________________

Significado: ___________________________________

ESPAÑOL

Ortografía

Escribe en el crucigrama el nombre de los dibujos.

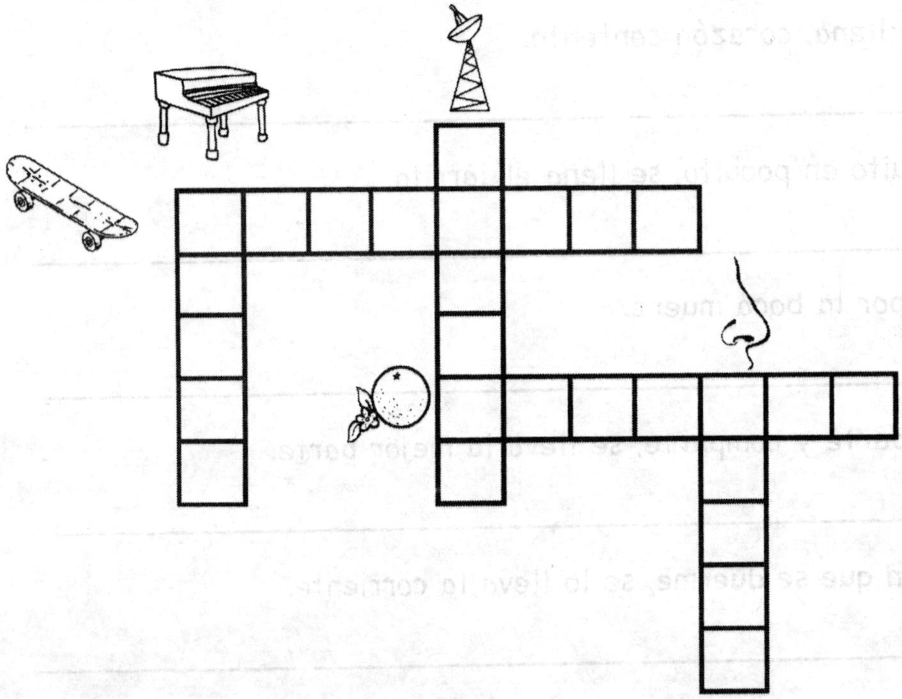

Escribe correctamente las siguientes palabras.

amavilidad ______________

bagavundo ______________

morrivundo ______________

persivir ______________

vutaca ______________

avsurrdo ______________

adbertensia ______________

polbora ______________

obbio ______________

ovseción ______________

atrivuir ______________

embuelto ______________

ESPAÑOL

Ortografía

Encuentra en la sopa de letras las diez palabras que contengan la letra h y escríbelas sobre las líneas.

C	S	D	F	Ñ	H	U	E	S	O
Ñ	A	L	M	O	H	A	D	A	K
J	H	C	H	U	I	H	Z	C	T
W	O	G	A	H	U	E	V	O	B
Z	R	Q	C	H	R	B	Y	H	P
N	R	M	H	X	U	R	M	E	U
H	A	D	A	F	D	A	K	T	L
O	R	U	N	Z	Y	P	T	E	Q
A	S	D	E	S	H	A	C	E	R

_______________ _______________

_______________ _______________

_______________ _______________

_______________ _______________

_______________ _______________

ESPAÑOL

Señales e Instructivos

Escribe sobre las líneas el significado de cada señal.

 ____________________

 ____________________

 ____________________

 ____________________

 ____________________

 ____________________

 ____________________

____

Escribe las instrucciones para armar un barco de papel.

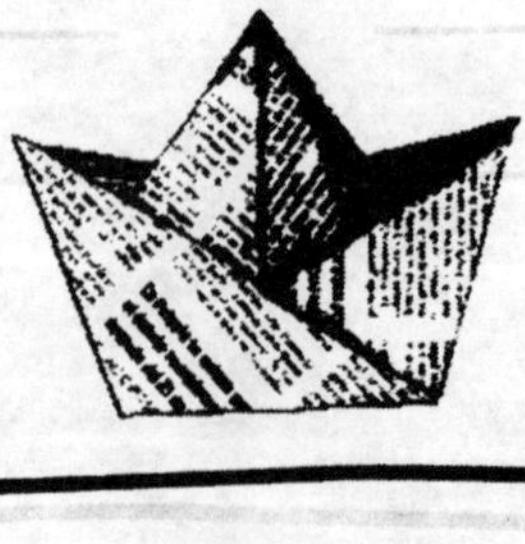

ESPAÑOL

Verbos

Reescribe las siguientes oraciones en pasado y futuro.

Ramón compra una alcancía para ahorrar sus domingos.

Un mexicano está escalando el monte Everest.

La celebración del aniversario del colegio es un éxito.

David decoró su árbol de Navidad desde noviembre.

Eduardo maneja su auto en la gran carrera automotriz.

Pronombres

Completa las oraciones con los pronombres personales que faltan.

______ están pintando animales en su clase de dibujo.

______ es la encargada de recoger las flores del invernadero.

______ eres el único que se sabe dar las vueltas de carro.

__________ iremos de vacaciones a la casa de la playa.

______ iré a patinar al parque con mis amigos.

Encierra en un círculo los pronombres personales.

CAMARÓN YO CARREOLA RAFAEL

ÉL MANZANA CORTINERO ELLA

CAMIÓN TÚ MARCIANO ESPEJO

ELLAS MONTAÑA CAMA NOSOTROS

USTEDES PATINETA PATRÓN ÉRIKA

ESPAÑOL

La Historieta

Dibuja y escribe la historia de cómo llegaron los niños a este lugar.

El Resumen

Del siguiente texto, realiza un resumen y escríbelo a continuación.

Las Plantas

Las plantas son organismos vivientes autosuficientes pertenecientes al mundo vegetal que pueden habitar en la tierra o en el agua. Existen más de 300,000 especies de plantas de las cuales, más de 250,000 producen flores. A diferencia de los animales, que necesitan digerir alimentos ya elaborados, las plantas son capaces de producir sus propios alimentos a través de un proceso químico llamado fotosíntesis. La fotosíntesis consiste básicamente en la elaboración de azúcar a partir del dióxido de carbono (CO_2), minerales, agua y la luz solar. Resultante de este proceso, es el oxígeno, un producto de deshecho, que proviene de la descomposición del agua. El oxígeno, que se forma por la reacción entre el CO_2 y el agua, es expulsado de la planta a través de los estomas de las hojas.

Las plantas presentan formas muy diversas, algunas las llamamos árboles; otras las conocemos como hierbas; otras se presentan en forma de arbusto; algunas se conocen como lianas o simplemente como flores. De acuerdo con su altura, su dureza, coloración y el uso que hacemos de las mismas, es que las llamamos.

ESPAÑOL

Acciones

De acuerdo con los dibujos, escribe tres verbos que describan las acciones de cada uno, en los tiempos que se te indica.

presente____________________

pasado____________________

futuro____________________

presente____________________

pasado____________________

futuro____________________

presente____________________

pasado____________________

futuro____________________

presente____________________

pasado____________________

futuro____________________

presente____________________

pasado____________________

futuro____________________

presente____________________

pasado____________________

futuro____________________

ESPAÑOL

Onomatopeyas

Las onomatopeyas son palabras que imitan el sonido o figura de aquello que describen, por ejemplo miau, que es el sonido que hace el gato. Ahora, completa las oraciones con las onomatopeyas del recuadro.

Al llegar, mi hermano estaba haciendo__________en tu puerta .

Aunque el teléfono sonó________varias veces, no hubo respuesta.

El_________de los pollitos me despertó en la madrugada.

El_________de este gato tiene el volumen muy bajo.

Lo que escuchas a lo lejos es el __________de las vacas.

Con un___________de dedos, el domador hace que los leones se levantan en dos patas.

maullido	piar	chasquido	toc, toc	mugido	ring, ring

Escribe la onomatopeya que le corresponde a cada dibujo.

_______________ _______________ _______________

_______________ _______________ _______________

MATEMÁTICAS

Antecesor y Sucesor

Completa las series numéricas.

19   20   21   ___   ___   ___   ___   ___   ___   28   ___   ___   ___   ___   ___   ___   35   ___   ___   38   ___

7	14		28		
	56			77	
91			112		126

MATEMÁTICAS

Operaciones

Resuelve las siguientes operaciones.

405 − 251 =	676 + 133 =	888 − 444 =	329 + 112 =
299 − 43 =	238 + 421 =	506 − 360 =	855 + 144 =
57 − 33 =	782 + 109 =	428 − 22 =	630 + 87 =
989 − 186 =	256 + 56 =	937 − 643 =	578 + 381 =

MATEMÁTICAS

Líneas Paralelas y Perpendiculares

Encierra en un círculo las líneas perpendiculares y tacha las paralelas.

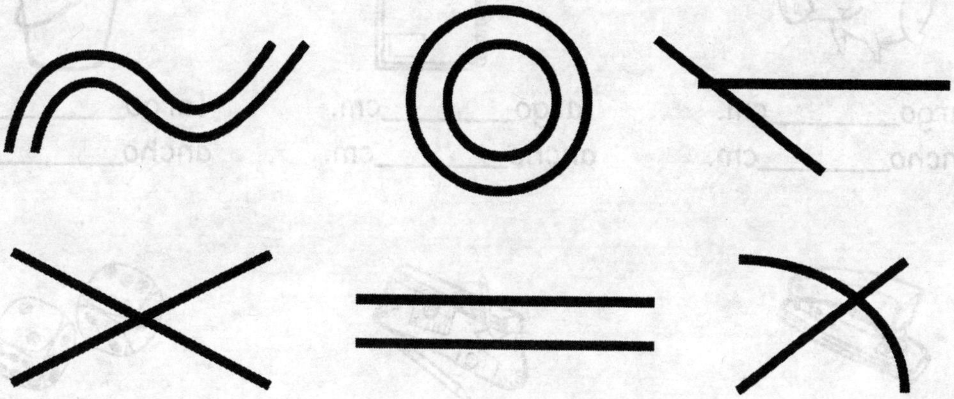

Realiza un dibujo con líneas perpendiculares y otro con líneas paralelas.

PARALELAS	PERPENDICULARES

MATEMÁTICAS

El Centímetro

Con la ayuda de tu regla mide los objetos que se te indican y anota sus medidas.

largo________cm.
ancho________cm.

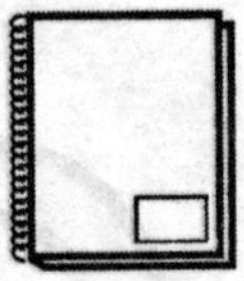

largo________cm.
ancho________cm.

largo________cm.
ancho________cm.

largo________cm.
ancho________cm.

largo________cm.
ancho________cm.

largo________cm.
ancho________cm.

largo________cm.
ancho________cm.

largo________cm.
ancho________cm.

largo________cm.
ancho________cm.

largo________cm.
ancho________cm.

largo________cm.
ancho________cm.

largo________cm.
ancho________cm.

MATEMÁTICAS

Cuadriláteros

Realiza un paisaje con los cuadriláteros que vienen a continuación.

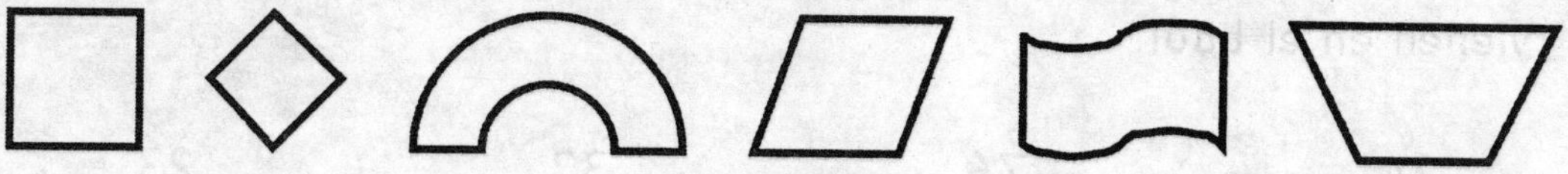

Saca el perímetro y el área de los siguientes cuadriláteros.

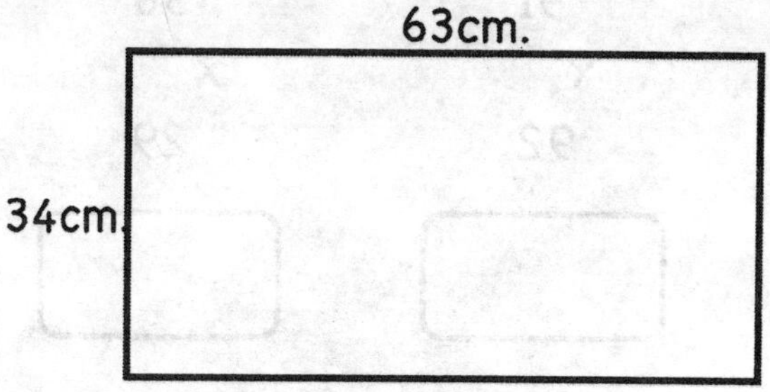

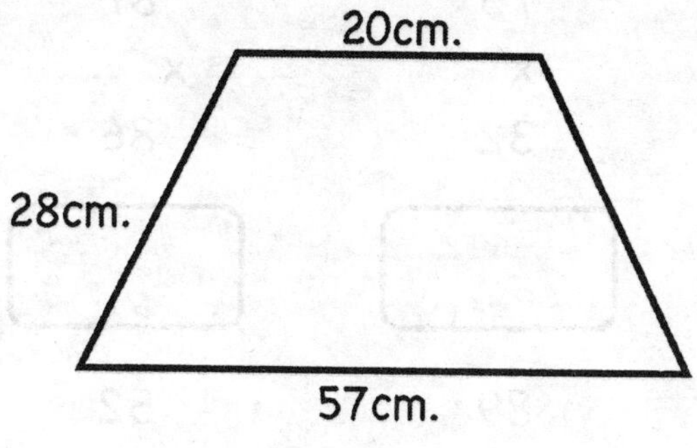

Perímetro______________cm.
Área__________________cm.

Perímetro______________cm.
Área__________________cm.

MATEMÁTICAS

La Multiplicación

Resuelve las siguientes multiplicaciones con los resultados que vienen en el baúl.

24 × 54 =	76 × 72 =	33 × 44 =	23 × 61 =
92 × 45 =	32 × 68 =	55 × 33 =	62 × 84 =
75 × 32 =	87 × 86 =	91 × 92 =	36 × 29 =
89 × 69 =	52 × 56 =	39 × 48 =	18 × 33 =

MATEMÁTICAS

Ejes de Simetría

Dibuja el eje de simetría a las figuras que lo tengan y las que no, ilumínalas de azul.

MATEMÁTICAS

Medidas de Longitud

Convierte las cifras que vienen a continuación, a las medidas que se indican.

35 km. ________cm. 40 dm.________mm. 0.06 cm. ________dam.

400 hm. ________km. 7 mm.________dam. 85 m. ________dm.

0.2 cm. ________hm. 33 km.________m. 345 dm. ________hm.

km	hm	dam	m	dm	cm	mm

Resuelve los siguientes problemas.

Marco viajó 53 km. a caballo desde el rancho de su tío a casa de su abuela. ¿Cuántos metros recorrió?

Respuesta:__________m.

Roberto y Luis están jugando carreritas en el parque. Los dos acordaron que la meta serían los 500 dam. ¿En qué kilómetro se van a reunir?

Respuesta:___________km.

MATEMÁTICAS

El Reloj

Dibújale las agujas a los relojes, con la hora que se te indica debajo de ellos.

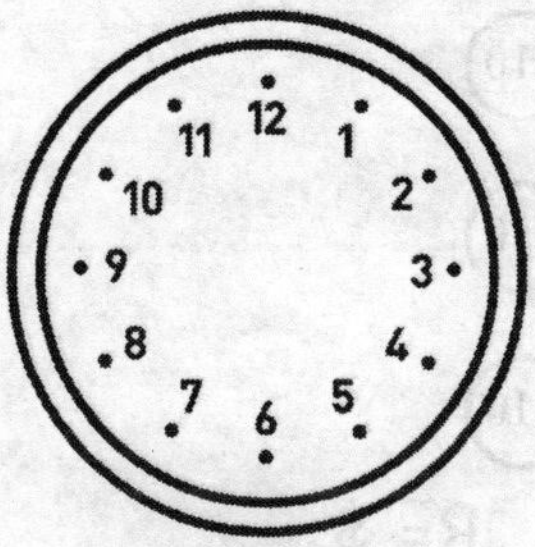

8:40

5:25

12:33

1:37

9:02

6:58

11:15

2:22

3:45

Resuelve los siguientes problemas.

María y Luis juntaron sus ahorros para ir de compras al gran almacén. ¿Cuánto dinero juntaron entre los dos?

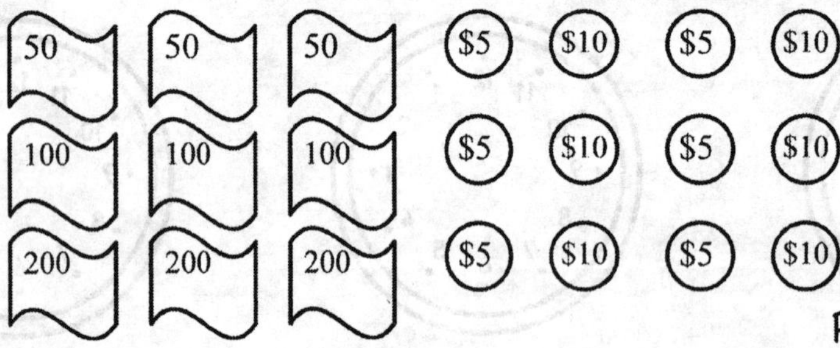

R= $__________

Elvira vendió dulces afuera de su casa. Al final del día, este fue el dinero que juntó, ¿Cuánto fue?

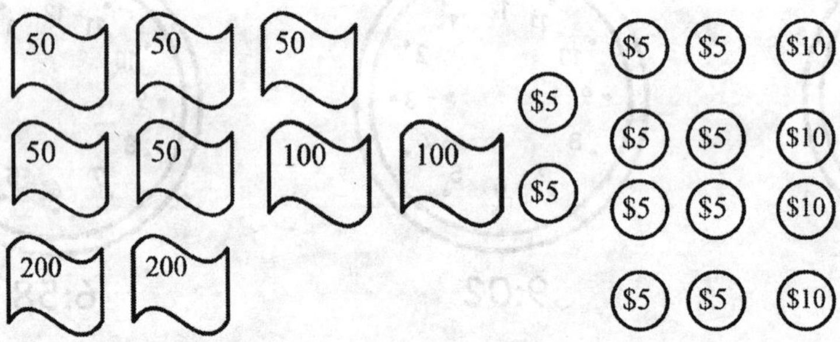

R= $__________

Juan desea comprar un telescopio que cuesta $1500 pesos. ¿Cuánto dinero le falta para comprárselo si juntó este dinero de sus domingos?

R= $__________

Medidas de Capacidad

Subraya verdadero o falso según corresponda, a las siguientes frases.

Un litro es igual a 0.5 l. más 0.5 l. Falso Verdadero

Para llenar una jarra de un litro, se necesitan cuatro botellas de jugo de medio litro. Falso Verdadero

Para llenar con leche, 5 vasos de un cuarto de litro cada uno, Mario necesitó sólo un litro de leche. Falso Verdadero

Para llenar 8 botellas con capacidad de 0.25 litros cada una, Irene utilizó 2 litros de perfume. Falso Verdadero

Convierte las siguientes cifras a las medidas que te indican.

25 kl. _______cl. 50 dl._______ml. 0.78 cl. _______dal.

330 hl. _______kl. 9 ml._______dal. 56 l. _______dl.

0.8 cl. _______hl. 11 kl._______l. 840 dl. _______hl.

MATEMÁTICAS

Fracciones

Escribe en los cuadros las cifras que hacen faltan.

	24	36	48	60	72	84	96
La mitad de							48
El tercio de					24		
El cuarto de						21	

Divide las figuras e ilumina las partes que te indican las fracciones.

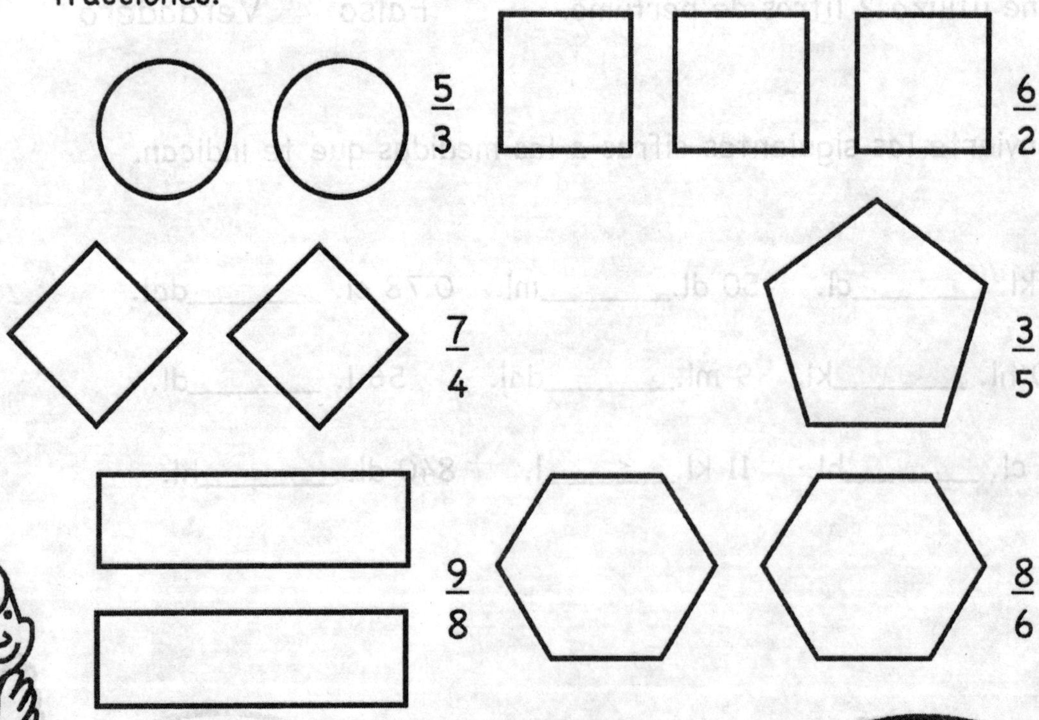

MATEMÁTICAS

Medidas de Masa

Completa las frases.

_____________ es la unidad principal para medir la masa.

Un kilogramo equivale a 1000 ____________.

3.5 kilos equivalen a ____________gramos.

25 gramos equivalen a ____________hectogramos.

6.3 decigramos equivalen a _____________ kilogramos.

Ayúdale al dueño de la miscelánea a completar el cuadro de precios.

Kilogramos	Papa	Zanahoria	Frijol
1 kg.	$10.00	$	$8.00
2 kg.	$	$	$
Kg.	$5.00	$6.00	$
¼ kg.	$	$	$2.00

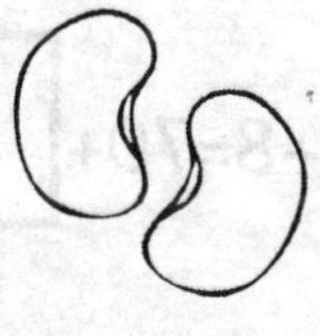

MATEMÁTICAS

Cálculo Mental

Completa las operaciones.

42= [ ] +13	42= [ ] +22	42= [ ] +32
31= [ ] +10	31= [ ] +39	31= [ ] +18
13= [ ] +7	5+ [ ] =13	6+ [ ] =13

Subraya los números que den el primer resultado y el que sobre, súmalo y escribe el resultado.

Ejemplo:

<u>43</u>+<u>7</u>+9=50+ 9 = 59

61+9+5=70+ [ ] = [ ]

82+9+8=90+ [ ] = [ ]

8+44+6=50+ [ ] = [ ]

7+62+8=70+ [ ] = [ ]

7+81+9=90+ [ ] = [ ]

Unidades de Medida

Escribe con letra las cantidades.

9um, 2c, 1d, 1u ______________________________

3um, 8d, 5u ______________________________

7um, 6c, 4d, 2u ______________________________

4um, 1c, 3u ______________________________

1um, 2c, 9d ______________________________

Relaciona las columnas con su cifra correcta.

Mil quinientos cuarenta y seis.	9413
Treinta y dos mil ciento diez.	15302
Siete mil dieciséis.	1546
Nueve mil cuatrocientos trece.	23559
Setenta y cuatro mil novecientos.	7016
Veintitrés mil quinientos cincuenta y nueve.	32110
Quince mil trescientos dos.	70002
Sesenta mil dos.	74900

MATEMÁTICAS

Unidades de Medida

Escribe con letra los resultados de las operaciones.

90000 + 2000 + 600 + 30 + 9 =

20000 + 60 + 4 =

80000 + 7000 + 500 + 20 + 1 =

5000 + 300 + 40 + 5 =

7000 + 500 + 9 =

Escribe en los cuadros los números que corresponden.

ANTERIOR	NÚMERO	POSTERIOR
	2000	
	5478	
	8932	
	6873	
	89340	
	17394	
	23894	
	70083	
	36901	

MATEMÁTICAS

Mayor que y Menor que

Escribe los signos > ó <, según corresponda entre cada cifra.

240 □ 658 □ 420 □ 204 □ 506

402 □ 659 □ 586 □ 723 □ 861

308 □ 500 □ 720 □ 119 □ 109

Ordena los siguientes números de mayor a menor colocando en orden sobre las líneas las figuras que distinguen a cada uno.

5782 □ ____________

3674 ✚ ____________

675 △ ____________

921 ☆ ____________

1002 ⬠ ____________

MATEMÁTICAS

Clases de Triángulos

Escribe sobre la línea el nombre de cada uno de los triángulos.

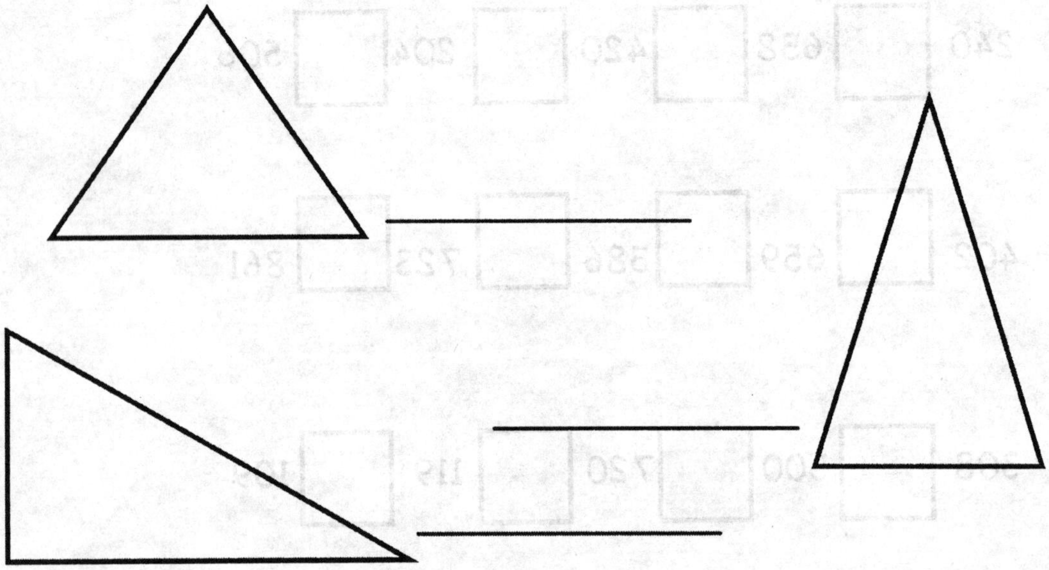

Realiza un dibujo con los triángulos que están a continuación.

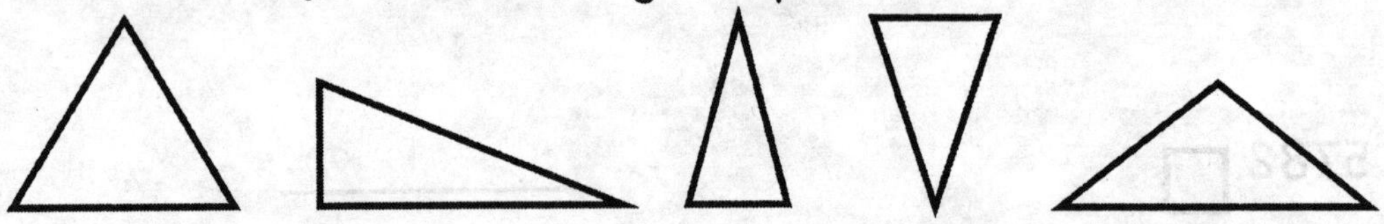

Números Ordinales

Escribe con letra el nombre de cada cifra y ordénalos sobre las líneas punteadas de menor a mayor.

37º ______________________________ _ _ _ _ _ _ _

92º ______________________________ _ _ _ _ _ _ _

8º ______________________________ _ _ _ _ _ _ _

10º ______________________________ _ _ _ _ _ _ _

77º ______________________________ _ _ _ _ _ _ _

4º ______________________________ _ _ _ _ _ _ _

51º ______________________________ _ _ _ _ _ _ _

11º ______________________________ _ _ _ _ _ _ _

29º ______________________________ _ _ _ _ _ _ _

3º ______________________________ _ _ _ _ _ _ _

65º ______________________________ _ _ _ _ _ _ _

41º ______________________________ _ _ _ _ _ _ _

9º ______________________________ _ _ _ _ _ _ _

CIENCIAS NATURALES

El Agua

Escribe la importancia y los usos del agua.

Importancia: ______________________________

____

____

Usos: ______________________________________

____

____

Completa las frases con las palabras del recuadro.

El agua es __________, insípida e __________.
El agua la podemos encontrar en ______, lagos y mares.
Nuestro cuerpo está formado por un _____% de agua.
El agua potable es el agua que podemos __________.
El agua mineral no la podemos beber y proviene de los__________.

manantiales	setenta	incolora	ríos	beber	inodora

Escribe los cuidados del agua.

____

____

____

____

Los Estados del Agua

Ordena cada secuencia y escribe el nombre del estado del agua que describe cada una.

Estado del agua: ____________________

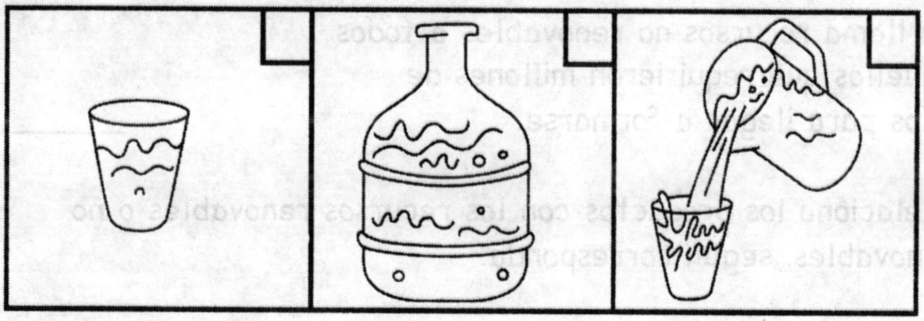

Estado del agua: ____________________

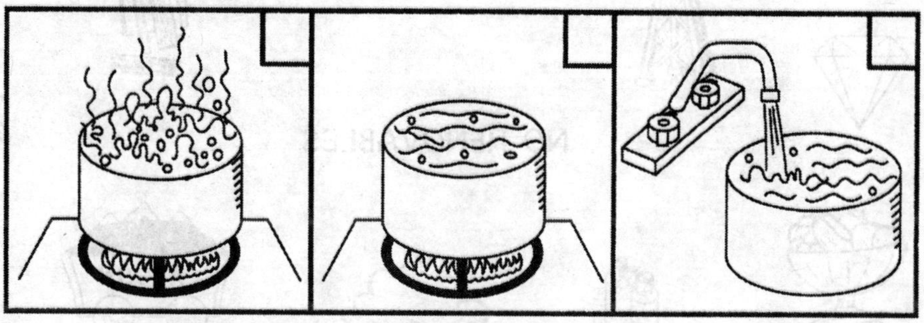

Estado del agua: ____________________

CIENCIAS NATURALES

Recursos renovables y No renovables

✎ Escribe si son verdaderas o falsas las frases que están a continuación.

Los recursos renovables son aquellos que se regeneran rápidamente. __________

Un ejemplo de los recursos no renovables son las plantas y los animales. __________

Los recursos renovables, si son utilizados por el hombre, no vuelven a aparecer sobre la Tierra. __________

Se llama recursos no renovables a todos aquellos que requirieron millones de años para llegar a formarse. __________

✎ Relaciona los productos con los recursos renovables o no renovables, según corresponda.

RENOVABLES

NO RENOVABLES

Productos Naturales y Artificiales

Clasifica los objetos dentro de la tabla, escribe su nombre, para qué se utilizan y marca con una X la casilla de producto natural o artificial, según le corresponda.

Nombre	Uso	Producto Natural	Producto Artificial

Ecología y Contaminación

Investiga las siguientes definiciones y escríbelas sobre la línea.

Ecología ____________________

Contaminación ____________________

Ecosistema ____________________

Efecto Invernadero ____________________

Monóxido de Carbono ____________________

Escribe e ilustra las acciones que realizas para cuidar del medio ambiente.

Acciones: ____________________

CIENCIAS NATURALES

Las Plantas

Escribe sobre las líneas, las partes de las plantas.

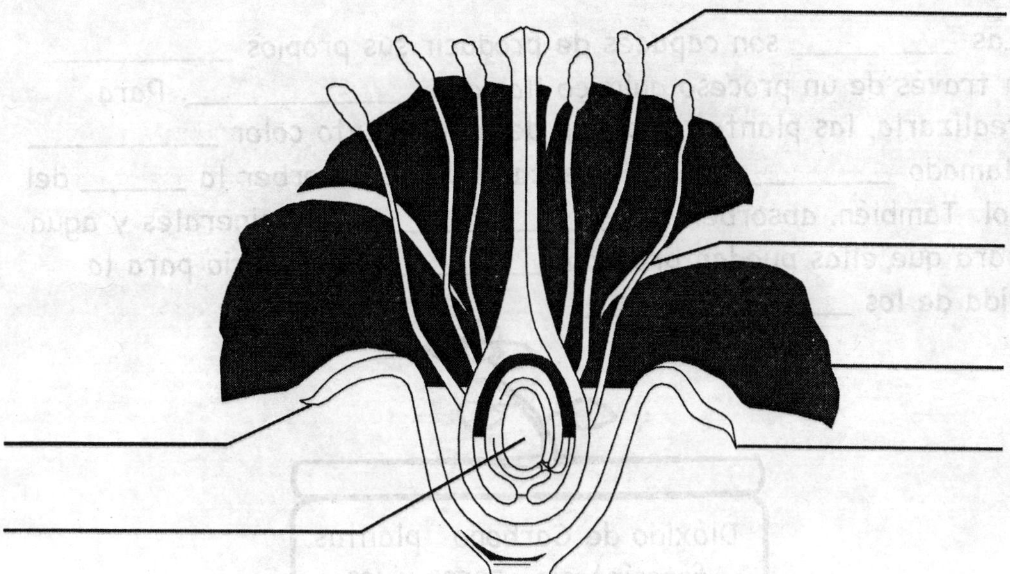

CIENCIAS NATURALES

Las Plantas

Completa la información escribiendo las palabras de la maceta sobre las líneas en el lugar que les corresponde.

Las __________ son capaces de producir sus propios ___________ a través de un proceso químico llamado ______________. Para realizarla, las plantas disponen de un pigmento color ___________ llamado __________que es el encargado de absorber la ______ del sol. También, absorben el __________________ , minerales y agua para que ellas puedan producir __________ , necesario para la vida de los ________________.

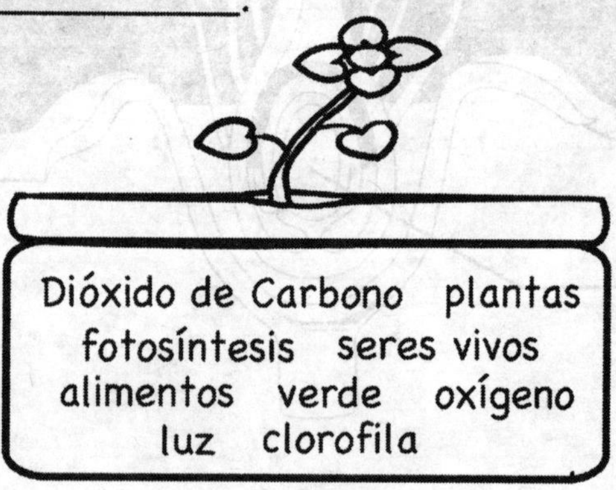

Dibuja el proceso de la fotosíntesis.

CIENCIAS NATURALES

Aparato Respiratorio

Ubica las palabras de la nube en el lugar que les corresponde, escribiendo el número de ellas dentro de los paréntesis.

6.faringe 3.laringe 2.tráquea 5.bronquios
1.fosas nasales 4.pulmones

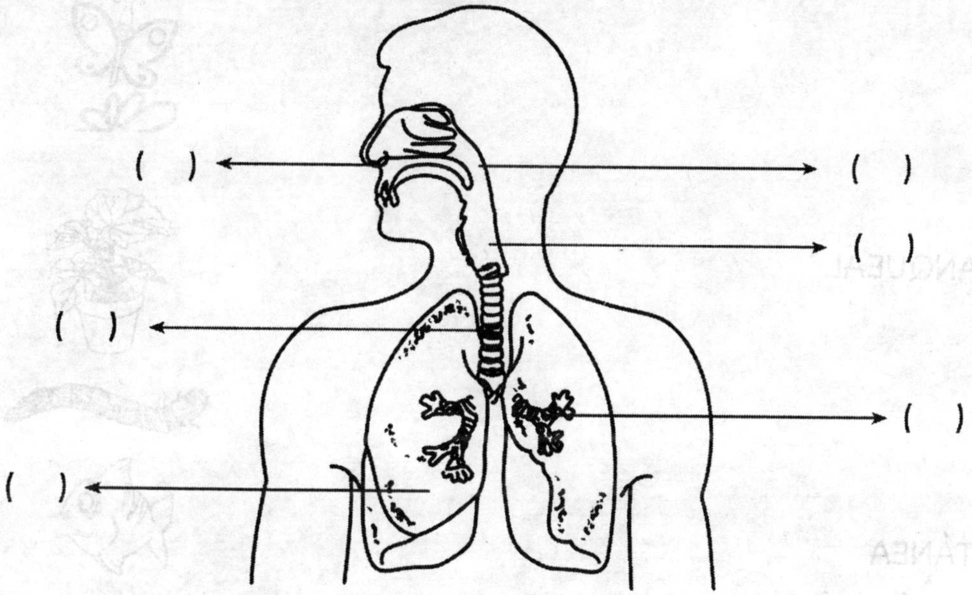

Investiga el camino del oxígeno a los pulmones, dibújalo y escríbelo sobre las líneas.

Respiración

Une los distintos seres vivos al tipo de respiración que les corresponde.

PULMONAR

BRANQUEAL

CUTÁNEA

ESTOMAS

Los Frutos

Clasifica las frutas. Une del lado izquierdo las frutas, según su procedencia, a un árbol, arbusto o suelo.

CIENCIAS NATURALES

Los Alimentos

Encuentra el grupo alimenticio al que pertenecen los siguientes alimentos dentro de la sopa de letras.

T	S	D	F	C	F	U	I	S	O	R
U	A	L	M	E	H	A	D	A	K	W
B	H	C	H	R	I	H	Z	F	T	Z
É	O	G	V	E	R	D	U	R	A	S
R	R	Q	C	A	R	B	Y	U	P	I
C	R	M	H	L	U	R	M	T	U	O
U	A	D	A	E	D	A	K	A	L	I
L	E	G	U	S	I	N	O	S	A	S
O	S	D	E	S	H	A	C	E	R	T
S	W	R	T	Y	U	L	Ñ	M	F	X

La espinaca y la lechuga son ________________.

Las papas pertenecen a este grupo: __________________

Al grupo de las ______________ pertenecen los garbanzos y las lentejas.

Del grupo de los ______________ pertenecen la avena y el trigo.

Algunos ejemplos de las __________ son la naranja y el plátano.

CIENCIAS NATURALES

Cadena Alimenticia

Ordena la secuencia en que ocurre la cadena alimenticia, escribiendo los números sobre las líneas.

 ____

 ____

 ____

 ____

 ____

 ____

 ____

Relaciona los dibujos con sus párrafos.

La cadena alimenticia se inicia con las plantas, que son llamados productores.

Los consumidores primarios se alimentan de las plantas.

Los animales que se alimentan de los primarios o consumidores se llaman secundarios o carnívoros.

Las bacterias y hongos descomponen los animales muertos para que sirvan de alimento a la tierra, de donde provienen las plantas, y así comienza de nuevo la cadena.

CIENCIAS NATURALES

Tipos de Transporte

Ubica los transportes dentro de la tabla y escribe su nombre, si son marítimos, terrestres o aéreos y su función.

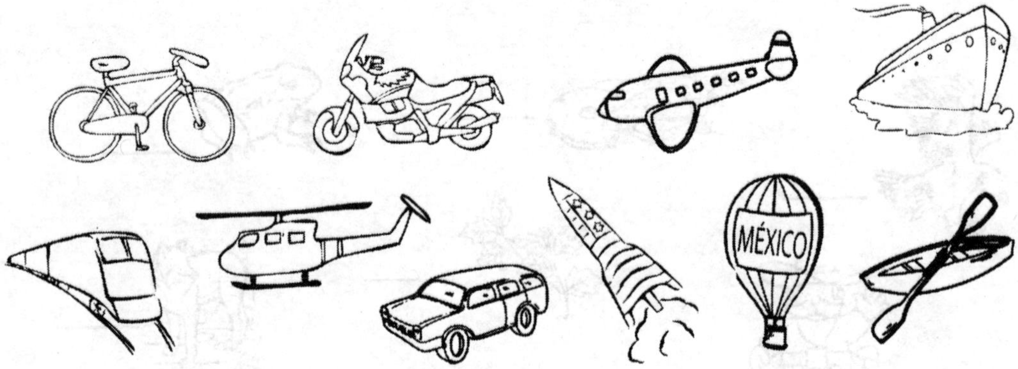

Nombre	Tipo de Transporte	Función

CIENCIAS NATURALES

Aparato Digestivo

Investiga y escribe el camino de los alimentos desde que se ingieren, hasta su excreción.

Investiga, ilumina y escribe los nombres de las partes del sistema digestivo que se indica.

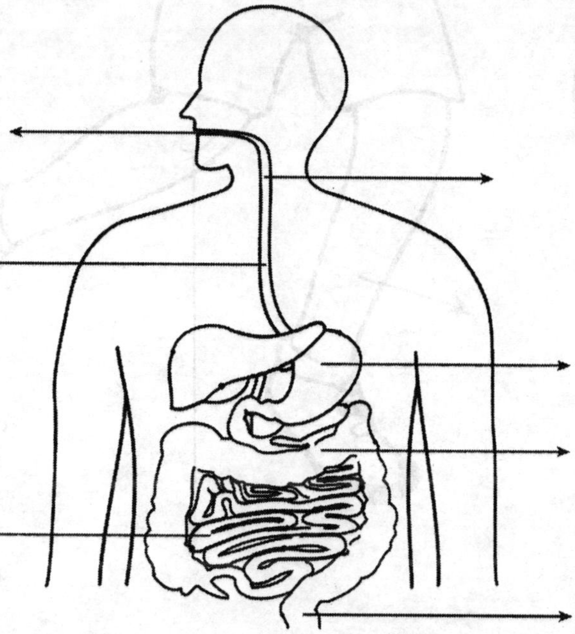

CIENCIAS NATURALES

Partes del Cuerpo

Escribe las partes del cuerpo sobre las líneas.

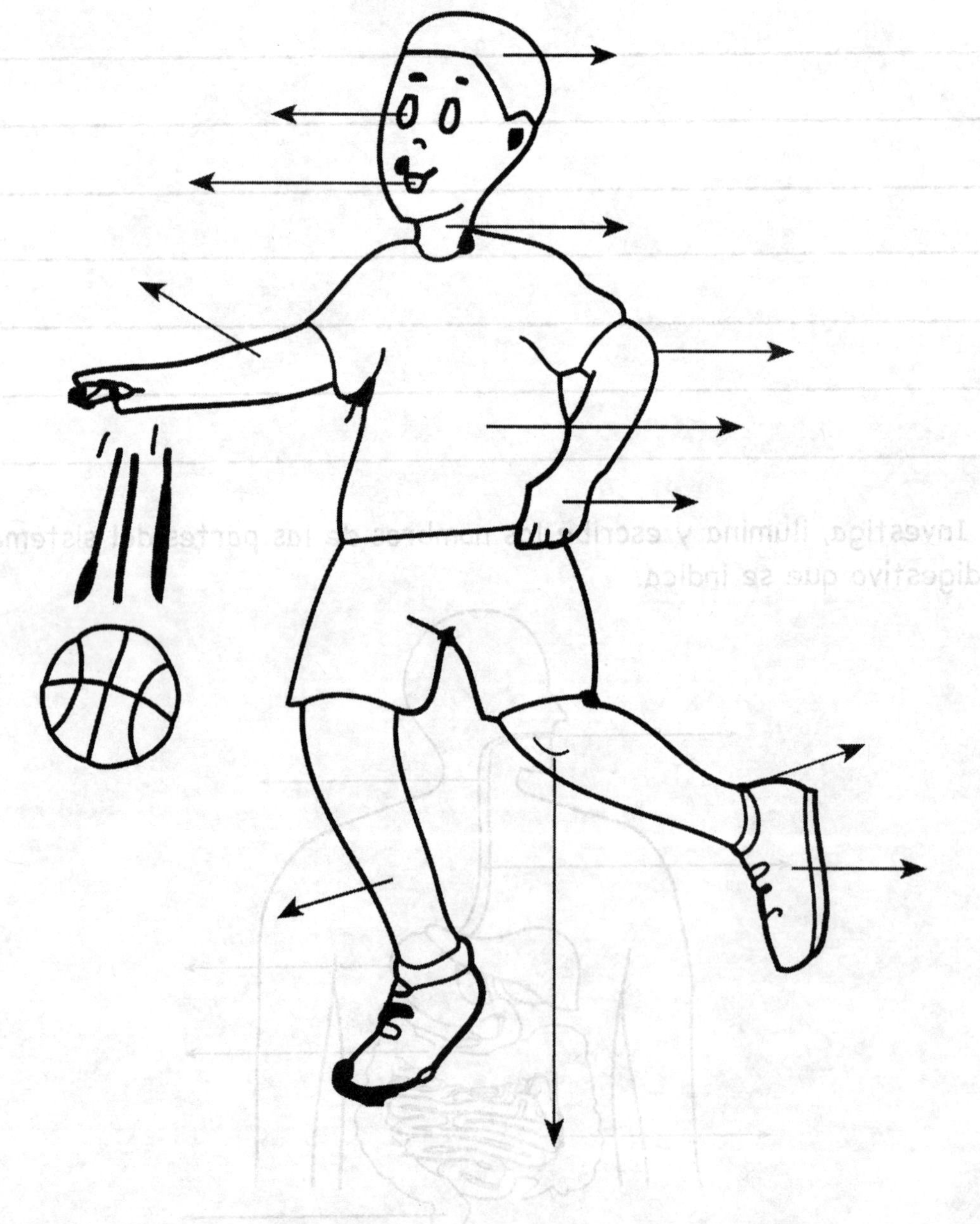

RAZONAMIENTO

Dominó

Completa las series.

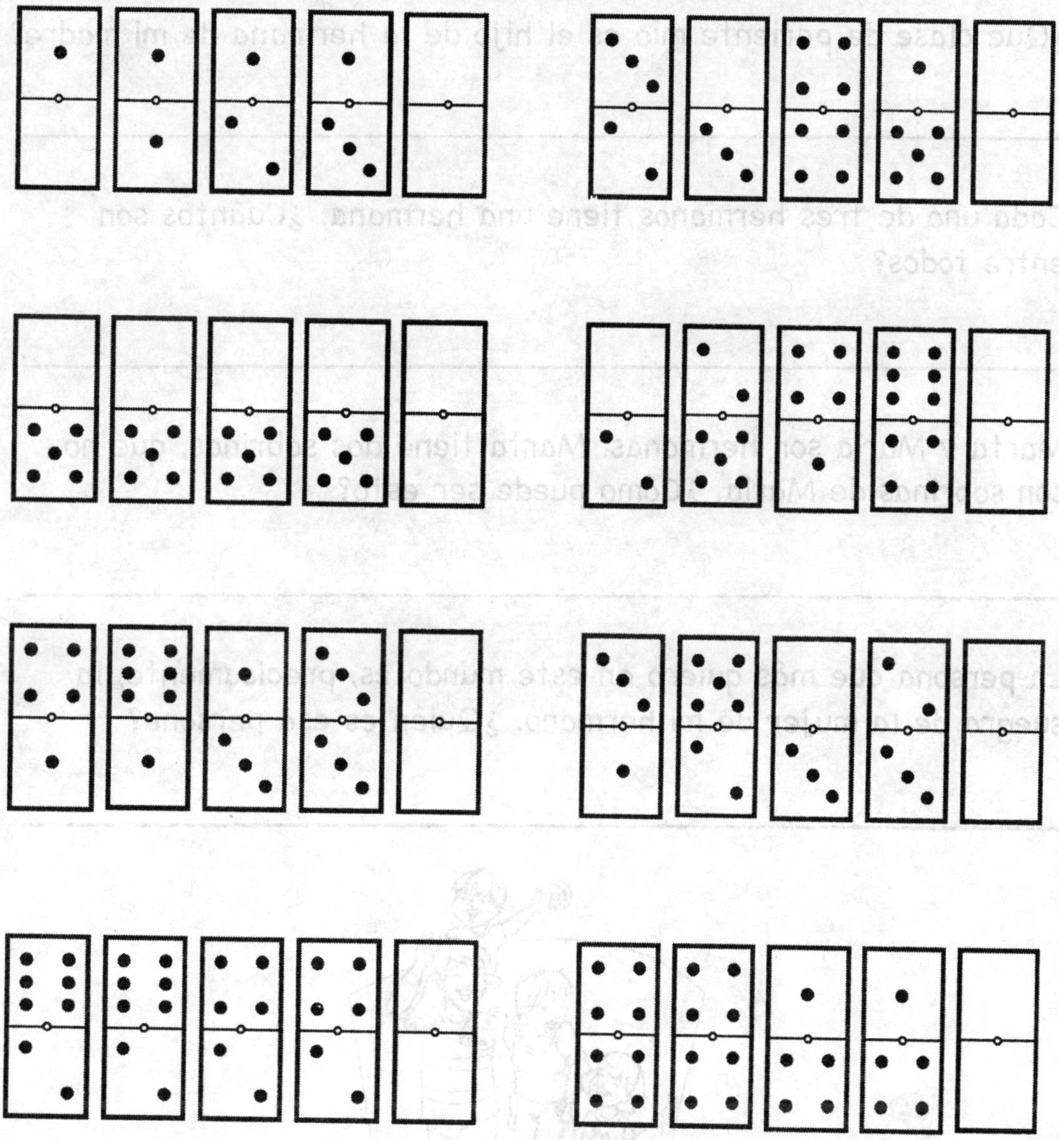

RAZONAMIENTO

Parentesco

Resuelve las siguientes preguntas y contesta sobre la línea.

¿Qué clase de pariente mío es el hijo de la hermana de mi madre?

____

Cada uno de tres hermanos tiene una hermana. ¿Cuántos son entre todos?

____

Marta y María son hermanas. Marta tiene dos sobrinas, que no son sobrinas de María. ¿Cómo puede ser esto?

____

La persona que más quiero en este mundo es, precisamente, la suegra de la mujer de mi hermano. ¿Quién es esa persona?

____

RAZONAMIENTO

Adivinanzas

Une las adivinanzas con su respuesta.

Si me miras del derecho
me verás como animal
mas si tú al revés me miras
yo seré un vegetal.

Jitomate

Una señorita
va por el mercado
con su cola verde
y el traje morado.

Avellana

Me abrigo con paños blancos
luzco blanca cabellera
y por causa mía llora,
hasta la misma cocinera.

Arroz

Verde, muy verde,
de chico fui
y cuando crecí,
sin vergüenza,
colorado me volví.

Berenjena

Ave y no vuela,
llana y es curva.
Quien no adivine ésta,
no adivinará ninguna.

Cebolla

RAZONAMIENTO

Rimas

Subraya del mismo color las palabras que riman.

mixtos mayor tabique vistos azulejo

conejo clima Nicaragua agua dique

cima consejo abrigador Enrique prima

lima listos sacudidor gallina

De la lista de palabras anterior, utiliza algunas para formar dos versos e ilústralos.

RAZONAMIENTO

Medidas de Seguridad

De acuerdo con las ilustraciones, escribe sobre las líneas cómo se pueden prevenir accidentes.

Palabras

De acuerdo con los dibujos, escribe las palabras del recuadro que se relacionan con ellos.

festejo seguridad explorar silencio profundidad

historias luces viaje océano paseo estudio

adornos peces automóvil consultas nacimiento

RAZONAMIENTO

Memoria

Los objetos que están a continuación, obsérvalos durante un minuto, después cúbrelos con una hoja de color y anota sobre las líneas los objetos en el mismo orden.

Los nombres que están a continuación, obsérvalos durante un minuto, después cúbrelos con una hoja de color y anota sobre las líneas los objetos en el mismo orden.

JORGE ISABEL ESTEBAN HELENA DIEGO

MARÍA JUAN RAFAEL BEATRÍZ HUMBERTO

RAZONAMIENTO

Ubicación Geográfica

Juan está en el Distrito Federal y quiere conocer varios estados. Ayúdalo escribiendo sobre las líneas, los estados por los que tiene que pasar para llegar a ellos y en qué punto cardinal se encuentran.

Chihuahua ____

____

Oaxaca ____

____

Guanajuato ____

____

Yucatán ____

____

Jalisco ____

____

RAZONAMIENTO

Descripción de Acontecimientos

Mariana realizó muchas actividades en sus vacaciones; de acuerdo con los dibujos, escribe sobre la línea cuáles fueron éstas.

Describe a dónde fuiste y las acciones que realizaste en tus vacaciones favoritas.

RAZONAMIENTO

Unir Puntos

Une los puntos para completar los dibujos.